www.ingramcontent.com/pod-product-compliance
Lightning Source LLC
Chambersburg PA
CBHW070550160726
48003CB00005B/1986

خالد شخص عادي جداً، متوسط الثقافة، هادئ واجتماعي بنفس الوقت... تربى في بيئة محافظة ومتوسطة الدخل في المجتمع. دراسته متواضعة لم ينهِ الجامعة، ولكنه يجتهد على نفسه بالتعليم الذاتي، وهذا ما طوّره كل يوم عن الآخر، والدنيا والتجارب هما مدرسته.

يعمل بجهد بأي عمل يضع يده عليه، ولا ينتهي منه إلا إذا كان هو راضياً عن النتيجة. متأمل بطبيعته يحب كل ما هو جميل بهذه الدنيا بما يرضي الله.

الإهداء

أُهدي هذا الكتاب إلى ملهمتي ومن سكنت أعماق قلبي ومن جعلتني أكتب أول حرف من البداية "عهود".

خالد صالح

قصة وقصيدة

AUSTIN MACAULEY PUBLISHERS™

LONDON · CAMBRIDGE · NEW YORK · SHARJAH

الرقم الدولي الموحد للكتاب 9789948825111 (غلاف ورقي)
الرقم الدولي الموحد للكتاب 9789948825104 (كتاب إلكتروني)

رقم الطلب: MC-10-01-8987505
التصنيف العمري: 17+

تم تصنيف وتحديد الفئة العمرية التي تلائم محتوى الكتب وفقا لنظام التصنيف العمري الصادر عن المجلس الوطني للإعلام.

الطبعة الأولى 2022
أوستن ماكولي للنشر م. م. ح
مدينة الشارقة للنشر
صندوق بريد [519201]
الشارقة، الإمارات العربية المتحدة
www.austinmacauley.ae
+971 655 95 202

شكر وتقدير

أشكر الله أولاً وآخراً، ثم أشكر نفسي التي صبرت على ما مررت بهِ من هذه التجربة التي لا أعلم إلى الآن هل شفيت منها أم لا!

مقدمة

أنا شاب في العقد الثاني من عمري اسمي خالد.. وقعت في الحب مع الشخص المناسب ولكن الغير مناسب! وذلك بسبب الظروف التي أتتني بها حبيبتي. أتمنى لو أخبركم بتفاصيل أكثر ولكن لا يمكنني لأسباب معينة. للمعلومية فقط أنا قبل أن يحصل لي هذا الموضوع لم أكن أكتب الشعر، أو حتى أكتب فقط! من أول لحظة وقوعي بحبها وابتدأ قلبي لا شعورياً يكتب لها.

وهنا عزيزي القارئ أريدك أن تعلم بأنني لست بشاعر ومفرداتي جداً بسيطة ومفهومة. وسوف تقرأ أغلب شعري وقصائدي بالعامية النبطية، قليلاً سوف تكون بالفصحى، لذلك لا تستغرب اختلاف لسانك بالقراءة وأنت تقرأ.

وأيضاً سوف تتحيّر مشاعركم كلما قرأتم بين صفحة وصفحة لأنكم ستكتشفون أشياء لم تتوقعوها، وستكون لديكم أسئلة لن تحصلوا على أجوبة لها (أجوبتها مدفونة عندي شخصياً).. هنا أتمنى منكم عدم الحكم علينا في هذه القصة، لأن الذي حصل لم يكن بأيدينا هو فقط.. حصل.

سوف يكون الكتاب عبارة عن خواطر لي وقصائد لم تكتب إلا ووراءها قصة، وستكون هي مفتاح لكم لتعرفوا قصتنا كلما قرأتم أكثر.

البداية

في بداية الأمر لم أكن أعلم ما الذي يحدث لي.. مشاعر لأول مرة أشعر بها، لا أعلم أهي ضِيقٌ أم سعادة أم حب... أنا لم أحب من قبل ولا أعلم كيف أتصرف مع هذا الشعور.. هنا من كثرة التفكير كتبت لأول مرة لكي أزيح بعض الهمِّ من صدري.

كتبت:

أبنشــدك يا فلانة عن شخص نظيف..   شـــخص على الـنيــة كان عـايــش..

طــاح في الحــب وأصــبح ولــيف..   و أثـــاريه روح المجـنون طـايـــش..

مــثل الجبل كان يسند عليه الضعيف..   غدى هو الضعيف وقلبه بالحيل شايش..

يا ألله إني دخــيل رحمــتك يا لطيف..   تــرفق بعــبدك من الـهم والرعـايش..

خاطرة بقلم شاعر

في الواقع أنا قبل موضوعي هذا كنت أعيش حياتي البسيطة بسعادة وبقناعات كنت مؤمناً بها، وكنت أعتقد بأنني فاهم معظم حياتي، ولم أكن أبحث عن الحب أو النساء بصفة عامة، كنت أنانياً بعض الشيء؛ أردت أن أعيش حياتي لنفسي.. أسافر، أمارس هواياتي، أشتري كل ما يستهويني، أرى احتياجات أهلي، أخرج مع أصدقائي، أقرأ، أشاهد مسلسلاتي... إلخ.

ولكن عندما دخلت حياتي معشوقتي تغير تفكيري وتغيرت أشياء كثيــرة.

في صياغ هذا الأمر كتبت هذه الكلمات المعبرة عني:

أنــــا الذي كُنـــت حُراً

قــبل أن أكــون سجين الحُبِّ...

ظنـــنت أنني في الحيـاة أرى

ولكنني كالأعمى ظلامٌ مـدمسٌ...

اقتبست لي بيتاً وكتبت لها بيتاً

كما تعلمون من الأشياء المعروفة والجميلة بين علاقات الأحبة والعشاق هنالك إهداءات تكون على شكل صياغة شعر أو أغنية أو موسيقى، مع خاطرة تعبر بها عن شعورك للشخص الذي تحبه، وأنا شخصياً كنت أحب هذه الفقرة وأفرح بها منها، وفي البدايات أرسلَتْ لي بيتَ شعرٍ، ومن غير إرادة مني قلبي كتب لها وردَّ لها في نفس الوقت.

أرسلَتْ هي:

دايم عـلى بالي وطـاريـك مـا غـاب

يـا حلو قدرك في حنايا ضلوعي

وكتبت لها:

و أنا اللي أحبك أوو اقف على الباب

أحــتري حـكـيـك مـتى يهدّي روعي

أطَمْئِنُ قلبها...

أيضاً في بادئات الأمر في يوم من الأيام خرجت مع أصدقائي وأنا معهم، كنت دائما أفكر بها، وأثناء خروجي مع اصدقائي كنت احادثها بالمراسلات النصية، وحبيبتي شعرت بأنني انشغلت عنها وأردتُّ أن أطمئنها.. في لحظتها كتبت لها بيتي شعر لأني لم أستطع أن أسامح نفسي إذا شعرت هي بهذا الشعور وأنا لم أواسيها وأجعلها من أولوياتي. (هنا سوف تعرفون اسم معشوقتي)

كتبت:

على طاريــك وصورتك مــا غابت

والله في عز الشـــــالي أفــكر فيــك

عهـــود لا تقــلقين النفس ما حارت

مســكنـك مـوجود وقـلبي يداريك

حينما قالت لي... أحبـك

هنا أحدثكم عن المرة الأولى التي اعترفت لي حبيبتي بحبها لي، طبعاً تخيلوا معي أن أحدكم يتحدثون مع شخص.. فتاة.. لفترة وهناك مشاعر يحملها لها، وفجأة يصحى من نومه على رسالة منها باعترافها له بحبها... لا أقدر على وصف الشعور لكم. في آخر ساعات الليل اعترفت لي حبيبتي بحبها لي ومن بعدها وأنا متغير لم أعد أعرف نفسي.. فكتبت لها بيتين من الشعر وأهديتهما لها:

عهــود مــاني عــلى خــبري أوّل

دخــلتي دنيــتي وسـكنتي صدري

عـهود أحـبــك أنــا آخـروأوّل

ولاني بــحــبك اكتــفى خاطري

كلمة أحبك حوّلتني...

من هنا تحوّلت وبدأ شعور الحب يغمر صدري وفرح بهذا الشعور قلبي الذي هو قائدي ودليلي في هذه القصة، وعلى غرار القصة السابقة لم أستطع أن أتمالك نفسي، وكتبت لها أبياتاً لأهديها لها، وهنا عزيزي القارئ تأكد أنَّ من يكتب هو قلبي وليس أنا.

كتبت:

قـــالت لي أحـــبك وبعـــدها تحولت	
يا قوّ الكلـــمة ويـــا زين مسـمـعهـا	
صــدرت منهـــا وفي حبهـــا تكوّنت	
وبنيت لهـــا قـــصور من مشاعرها	
جمـــال ومبـــسم وفـــيها تهبّـــلت	
الله خـــلقها وأحسن وصـايـفهـا	
ودي بـــضمها لــو حلمٍ تفـاوت	
الـــبعد حـرمني ضمها وريـحتها	

بداية جنوني بـها

الحقيقة استوعبت من هذه النقطة أني جننت بها لأنني كلما حدثت حادثة لي معها سواء فرح أم حزن أبداً أكتب لا شعورياً.

في صباح يوم سبت من إجازة الأسبوع أرسلت لي بانها ذهبت إلى سوق الذهب لتشتري منه لنفسها، وفي عصر نفس اليوم لبسته وأرسلت لي صورة لها، من هنا بدأ قلبي يسيطر علي وفرح بها وكتب لها بيتي شعر يتغزل بها:

حبيبتي تــحلت وتزيّنت بـالـذهب

وهي الـــحلا والـذهب زان فيـهـا

عـهود جـننتني قمت أشـعر و أنطرب

كل مـــا شـــفتها ونـفسي تحـيها

قَهْرُ بُعْدِ المسافة

من الأشياء التي تحصل بيننا بشكل شبه يومي هو أننا نتبادل الصور منها المضحك ومنها الجميل.

في ليلة من الليالي وفي الساعات الأخيرة منها، كنت على سريري أستعد للنوم وإذا هي ترسل لي صورة لها، ولما نظرت لجمالها لم أستطع كتمان مشاعري وغمرني القهر داخلي من بُعْدِ المسافة التي بيننا، وتمنيت لو أني قريب منها لأحتويها بحب.

فكتبت هذه الأبيات وذهبت للنوم:

كـــــيــف أشوفك ولا أقـدر ألمسك

حسـافـــة بـعدك وغربة حـــنيني

عـهود عـلـمـيني كـيـف أقدر أوصلك

وأكـــون قـــربك وأضمك بين يـديني

هـذه أبيـــات حـبرها قلبي وهي لك

كـتبتها والنـــوم أسمــعه ينـاديني

تصــبحين بخـيـروروحي حـبتـك

عسى حـلمٍ يجيبك ويجمعك فـيني

وسوسة إبليس.. وظلمي لها

قي أحد أيام العمل الطبيعية كنت أثناء العمل أفكر بها، وفي ذلك الصباح أتذكَّر أنني حدثتها. في وقت لاحق حدثت حادثة جعلتني أعتقد بأنها تلعب من وراء ظهري، وقتها وسوس بي إبليس وبدأ دمي يفور، لأنني شعرت بأنها تتحكم بمشاعري ومزاجي؛ تارة تجعلني سعيداً وتارة أخرى ضيقٌ وحزنٌ.. فكتبت أبيات شعر تصف مشاعري حينها، ولكن النتيجة بالآخر كانت ظلمي لها (بدون ذكر تفاصيل).

كتبت:

الله يـلعن الـحب وسـيرتـه أيامه
مـن قال أن الحب الحياة تراه كذاب

الـحب مـضرة روح وقـلب وملامة
وش لي بالـحب غمرني هـم واكتئـاب

الـحب بـلـوة وربي بـلاني بهيامـه
حسبي عليـه ذبحني يوم طلع لعَّاب

لـعـب فـيني وبقلبي وأهلك سلامه
نـفسيتي مـاتت ودفنتها تحت التراب

الله يعوضني بـحب غـيره وهيامـه
علني أعالج كسرته اللي بدون أسباب

أنا والنوم وعهود...

كنت دائماً قبل أن أنام أراسلها أو أنتظر رسائلها، وفي يوم مليء بالتعب والإرهاق أخذني النوم بدون أن أشعر وبعدها بساعة سمعت صوتاً خفيفاً وإذا هي رسائلها، فزعت بالرد عليها وتحدثنا حتى هي نامت، وأنا لم أستطع النوم حتى كتبت هذه الأبيات:

فـزيت مــفزوع بـصوت رسـايلها   فـزقلبي قـبل لا أفـزمـن نـومي

خـطفت قـلبي وقـلبي دايم مقابلها   يـحتري مــتى ترسـل عـند اللزومي

فـداك قـلبي وروحي وكل جمايلها   عـهود أحـبك وبـحبك مقوّي عزومي

الـنوم روّح وعـنـدك هذه سبايها   نـامي أنتي واتـركيني مـع هـمومي

قصيدة بيني وبين نفسي...!

أتذكر بأنني كنت عندما أجلس مع زملائي في العمل أو عائلتي أو أصحابي دائماً أفكر بها، لا أعلم حتى ماذا بي، أضحك ولكن لست أنا من يضحك؛ لأنني أنا معها ولست معهم، إحساسي كان كأنها اختطفتني من عالمي، وعلى سرد هذا الكلام كتبت هذه الأبيات لنفسي:

أجلس مـع النـاس ولاني بمـوجـود

أضـحك وأسـولف وقلبي دايمٍ معها

كـيف أووين! خـالد اختفى من الوجود

اسرقتني كلي وأصـبحت أنـا منهـا

الــحب جـميل لكنه ياكل مثل الدود

أكَل خــفـوقي و انتهى مـن صحنهـا

مــدري بالـــحب أنـا مبتلي ولا محسود

الــحب دمَّرني ولاني مـليت من حبها

تـمنيتها جنبي وأضمها وأحـبـها زود

مــدري متى ربي يحقق منيتي بقربها

عـهود تراني مـن أهـل الطيب والجود

بغيتك بذمتي والكلمة هذه أنا قدها

أوّل مكالمة...

طَلَبَتْ مني أن أتصل بها لأوّل مرة (لا أخفيكم بأني فرحت بهذا الطلب جداً) وقد كنت جالساً في أحد المقاهي مع أحد أصدقائي ولم يكن باستطاعتي أن أرد لها طلباً، استأذنت من صديقي أن أقوم بمكالمة سريعة وذهبت واتصلت بها.. يا إلهي عندما سمعت صوتها؛ شعرت بأن الدنيا كما في الرسوم المتحركة ألوانٌ زاهية وحياة وردية جميلة، تحدثنا لدقائق معدودة وأغلقنا بعدها المكالمة، وخلال حديثنا أتذكر بأنني قلت شيئاً وضحكت هي، فكتبت في وقت آخر من تلك الليلة أبياتاً لها وأهديتها لها.

كتبت:

ضحــكتك سعـادة قـلب وجـفون
سعــادة الدنيا عندك و أنتي سعـدها

إذا ضحكتي أضحـك معـك و أكون
اسـعد واحـد في الدنيـا هذه كلها

ولي حـــزنتي كـــأنه بصــدري طـعـون
أشـيـل حـــزنك عـنك ولا أبد أَمَلَّها

أنتي سـبب فرحتي وسـعــادتي بتكون
يــوم ألـقاك وأمْسِـك يـدِّينك وأحبِها

عشقي لها

(العشق) كلمة عميقة جداً بمعناها، ومصطلح قوي يدل على مرحلة الحب الذي وصل لها العاشق، وأتمنى ألا تستخدم هذه الكلمة وتقال لشخص إلا وهو يقصدها ويعنيها؛ لأنها تدل على أنك حفرت اسم معشوقتك بقلبك ولن تتخلى عنها. وأنا خشيت على نفسي أن أصل لمرحلة عشق قيس لليلى لدرجة أني دعيت ربي ألا يجعل مصيري ينتهي كقيس. وكتبت على صياغ هذا الموضوع هذه الأبيات:

عشقتك عشق قيس لليلى   عشق هوى ما هو لعب أطفال

أتنفسك وبدونك أروح للفنى   على اللقى أحتريك من شوّال

متى شوفك يسرني و أقول هلا   وبحضني تجين هذا أكبر احتمال

أنتي الزين كله والـثقـل والـحلى   تستاهلين الحب والعشق والدلال

مكانك بقلبي ولا عدم ولا خلا   الداردارك ملكتيه من غير جدال

وصـالها لجمـالها...

في صباح أحد أيام عملي صحوت على رسائلها الجميلة، وإذا بها صورة لوجهها الجميل معه ملاحظة تقول: "أردت أن تذهب لعملك ومزاجك رائق". (حقيقة إني روّقت).

تمعّنت بالصورة جيداً واكتشفت بأن لديها غمّازة بخدها، فوجَب عليّ في ذلك اليوم أن اكتب قصيدة في جمالها الأخّاذ..

كتبت:

وصـايف حبيبتي يا عـرب ما لها مثيل

الكلام انتهى... وما انتهى وصفها

حـاولت أوصفهـا بالشـعر الجزيـل

عـجزت.. خـايف ما أوفيها حقـها

وجـه ومـبـسم وفـوقه شـعرٍ طـويل

وجسمها منحوت ويا ساتر من خصرها

ابـتسامتها مـلونة بالبياض الجميل

مكملة بغمازة ساكنة وسط خـدها

الـعين رسـمة وتـمعنت فيها حيل

تفـاصيلها امـتلت حنـان ودفا حبها

ودِّي أزيد بالشـعرو أكمـل وأشيل

والله الـكلام مـا كفى ولا أبـد أتمها

عـهود.. أنـا مـاني مـثل هـذا الجيل   صنفي قــــديم وأحب الـروح وأودها

حـــبيت روحك قبل شكلك الجميل   أنتي توأم الروح.. و أنتي ســـعــــدهــا

الحب لديه قوة عجيبة...!

انظروا كيف أن الحب لديه قدرة خارقة على أن يغير حالك التعيس إلى سعيد في لحظة.. ما أجمله من شعور!

أتذَكَّرُ في يوم كنت مرهقاً ومُهْلَكاً جداً من عملي ومتضايقاً منه، ولا أريد ان أكلم أحداً، وذهبتُ اجلسُ لوحدي لآخذ قسطاً من الراحة، ولا أقدر أن أنسى هذه الذكرى لأن لها وقعاً جميلاً بقلبي. أرسلت لي حبيبتي إهداءً جميلاً في تلك اللحظة، وقتها تغيرت مشاعري من تعب وضيق إلى سعادة وراحة بكلامها. طبعاً من الطبيعي أن قلبي في لحظتها كتب لها:

أرسَلَت إلي:

ودي على همسك حبيبي أستريح

أغفى على صوتك بحضنك مَرْتَعي

وأصحى على بسمة شفاهك يا مليح

وكلمة حبيبي يا حلاها بمسمعي

كتبتُ لها:

اغــفي ونــامي وصــدري لك فريح

سعــادة قــلبي يــوم أنك في مـوقعي

حبيبتي اسمــعيها بالمكان الفسيح

تستاهلين قلبي وكلي يــا هناي وسعدي

ديرة محبوبي...

ذهبت في رحلة عمل و أنا لم أكلف بها! لقد سرقت العمل من زميلي لأنني علمت بأن العمل سوف يكون بالمدينة التي تسكن بها معشوقتي. والنية والسبب الرئيسي لذهابي أردت فقط أن أشعر بأنني قريب منها فقط، أردت أن أرى مدينتها لكي أقع بحبها، وهذا الذي حصل فعلاً، الحقيقة الآن أعشق مدينتها لدرجة أني أشعر وأنا بمدينتي كأنني مغترب!

أنهيت عملي في تلك المدينة وأردت أن أرفّه عن نفسي قليلاً فذهبت في فترة العصر إلى مقهى هادئ وجميل قريب من الفندق لأحتسي قهوتي...

وأنا هناك كتبت هذه الأبيات:

سريت آخر الليل المسرى البعيد

أنـا والليل بالرفاقـة دايـم خلّان

نويـت ديار الحفر الـدار المديد

الـدار اللـي سكنها عظيم الشان

ديرة حبيبي هـودمي بـالـوريد

جيت أقوله أنا وأنت بنفس المكان

جيتك كلّي وقـربت لـك الـبعيد

ودي بشوفك لو بأغلى الأثمان

أوّل لقـاء...

تكملة للقصة السابقة (ديرة محبوبي).. تخيلوا معي بأنه بعد أن كتبت هذه الأبيات تحققت أمنيتي والتقيت بحبيبتي! شعور لا يوصف من السعادة والفرح.

طبعاً هي كانت تعلم بأنني موجود عندها في مدينتها لأنني أخبرتها وكنت أتراسل معها طوال الوقت وأنا هناك، ولكنني لم أعلم ولم أضع بالحسبان بأن أقابلها، لم أتوقع ذلك أصلاً.. فاجأَتْني بأنها اشترت لي هدية وأرادت أن تهديني إياها شخصياً، وأخبرتني أن آتي إليها في مكان معين، فذهبت هناك وأنا لست مستوعب بأنني ذاهب لأقابلها، فلما رأيتها لأول مرة "هربتُ بين ذراعيها لا شعورياً لأضمها".

بعد أن ذهبت من عندها مباشرة خرجت من فمي هذه الأبيات:

يــا نــاس يــا عرب بــاركوا وهنّوا لي

الــيوم شـــفت حبـيبتي وضـميتها

برى خــاطري وكل همٍ فــيني يــزولي

لـيتني يــوم ضميتهــا مــا هدّيتها

اشتياقي لحضنها...

تكملة للقصة السابقة.. بعد لقائنا الأول بفترة أتذكر في إحدى الليالي أنني كنت أفكر بها كثييراً، وإذا بها تراسلني! (أحياناً أشعر بأنها تشعر بي عندما أفكر بها). بدأنا بمحادثة جميلة ومن ضمنها أننا ذكرنا أول لقاء لنا وهروبي لحضنها ومعانقتها.

وكما هو المعتاد قلبي كتب أبياتاً من شدة شوقي لها:

عــهود أحــبــك أوودي بعد ألاقيك

وأعــود الــكرة بضمّتك وأحـتويها

وأذوق مــن شفتك العسل السميك

و أنــام بــحضنك وروحي تــداريها

جمــالك دواء وخـافـقي يحـتريك

يــحتّري شــوفك وشوفك يداويها

أنتي كلك سعــادة وهـنـاي أنا فيك

يــا ألله أنـك تـوفّق وتـحقق أمانيها

أحدث نفسي متسائلاً...!

هنا لأول مرة أكتب بالعربية الفصحى، واعلَم عزيزي القارئ بأنني وقتها كان صدري بالهموم مليئاً، وهذا خرج منّي لأكتبه.. تساؤلات؟ لا أريد أن أخبركم بتفاصيل أكثر، سوف تفهمون هذه الكلمات المصفوفة أمامكم كلما قرأتم بالكتاب وعرفتم أكثر.

ماذا بك أصبحت تائهاً	تعلمُ ولا تعلم ما العملي
تمشي في الدنيا ساهياً	قلبك سوادٌ والثقل ممتلي
زاد حملاً بالحُبّ واقعاً	أصبحت به هائماً وبهِ مبتلي
بالخوف أنا مفعمٌ دائماً	خوف الفراقِ وهذا مخيّلي
حبيبتي أنا بِحُبِّكِ ساعياً	وهو عهدٌ معي إلى آخر أجلي
إذا تركتك أكون لك خائناً	وإذا بقيْت زاد عذابي وكلي
ما العمل دلوني وأنا فاعلاً	الصواب بعيداً أصبح مضحلي
الكتمان سمٌّ في الروح داخلاً	لا أعلم كيف أقول لكِ ولي

لكــنني بالله إيمــاني طــاغــياً

راضيـــاً بالــذي هــو قسمه لي

كُرهي للنـوم والسبب...

نامت حبيبتي و.. أعتقد بأن الأبيات تكفي للشرح:

أَبَعَلِّمك هواجيس أسولفها لنفسي

أعـاتبهـا حـين.. وحين أمدحها

أحيان أحسها تعاديني وتكون ضدي

وأحيـان أحسـها أحسن من يرافقها

عـهود كرهت النـوم وصار هو عدوّي

والسبب ياخذك مني وروحي أفقدها

وأنا إذا نمـت ما أحب النوم لنفسي

يبعـدني عنك والمسـافة ما يقربها

نامي ياللي لها الـخافق يسيل ويهلّي

راحتــك مطلبي وسـعادتك أدوّرها

أحـبك وأحب اللي يسـعدك مثلي

وأغار من النوم لأنه سعادتك يدوّرها

لو أن النوم عـدوي ويحرمك مني..

أحـبه وأغليه لاجل راحتك ينفذها

ضِيْقُها.. ومواساتي لها

من الذكريات الجميلة لي معها أتذكر بأنها في إحدى الليالي المتأخرة كانت متضايقة جداً من أمور في حياتها الشخصية، وتبادلت معها أطراف الحديث محاولاً مواساتها بكل ما أوتيت من كلمات رقيقة في جعبتي، وفي نهاية حديثنا شعرت بأنها إلى الآن متضايقة، ونامت هي ونمت أنا.

عندما صحوت في الصباح رأيت رسالة منها لي، اقتبَسَتْ لي أبياتٍ تعبر عمَّا في داخلها لي، في لحظتها قلبي المجنون بها كتب لها ورد:

هي

أنـــت لـــك تـــأثيرفي ضــحكة احجـــاجي..
طلــــــك يــــطرب لها الـــقلب وتسرّه

كل مـــا قــابلــتــك بـــعزانزعاجي..
مـــا تبـــقى مـــن ضــــيقتي مثقال ذرة

في عـــيونـــك يـــا بـــعـــد عيني علاجي..
نــــظرتك تــجعـــل حـــياتي مـــستقرة

أنــا

والله أن ضــــيقـــتك هي همّي و انعواجي..
يـــضيق خـــاطري لاعـــرفـتك في مضرة

وكل مـــاجـــيـتي قـــلت لبيه يا احتياجي..
والله أقـــلب الـــكون كلـــه عـــشانك و أفـــرّه

عـــيــونك أنتي تبـــعـــد عن قلبي كل عجاجي..
لي شـــــفتها تـــضحك ودايـــم في مسـرّه

إهداء صباحي لها

بدايةً أسألكم يا معشر العشّاق: أليست محادثات آخر الليل مع الشخص الذي تحبّه جميلة؟

في إحدى ليالينا الهادئة المتأخرة انتهيت من محادثة جميلة مع حبيبتي ثم ذهبت هي للنوم، وبالعادة أنا أصحو قبلها للعمل، فأردت أن تصحى هي على رسالة تجعلها تبتسم في الصباح، وكتبت لها بيتين:

عـــهود يـــا شـــمس الصباح الـبهية..
يــا بــلسم خـــافقي وكل جروحي

أحـبــك وعســانـا نبقى دايم سويّة..
يــا منــاي ومـــطلبي و أكـــبر طموحي

إحساسي بجفائها لي، واشتياقي لها...

أعزائي أنا محدثكم في العادة لا أجلس عالهاتف الجوال كثيراً، ليس قلة معرفة فيه، ولكن عادتي هكذا، والصراحة هي من علمتني أن أكون على الهاتف طوال الوقت لسبب واحد فقط وهو (هي) أحادثها وأصور لها كثيراً هي فقط، فلا أعلم ما الذي فعلته خطأ في يوم من الأيام شعرت بأنها متضايقة مني ولا ترد على رسائلي كعادتها، ذلك اليوم كان داخلي يحترق محتاراً لا أعلم ما العمل، فلم أقدر إلا أن أكتب أبياتاً لها وأرسلها لها أشرح لها ما في داخلي..

كتبت:

مشـــتاق لــك حـيل أمانة طمنيني   لو بكلـــمــة (هلا) راضي أنـا فيها

أبـــد لا تقطعين المـــواصل كلمـيني   نـار الـــولــه يذبح و أنتي تطفيها

دخـــيــلك دوم علـــميني وخـــبريني   أخـــبــارك يـــرتـاح بالي في حكيها

تر اني مـــقصر بالمواصل تـــعرفـيني   البـــرامج الـــي بـالجوال ما لي فيها

أنـــتي سـبب الـجوال دايم بيديني   بـــدونك أرمـيه والبرامج أخليها

خـــليني أنـــام بقلـــبك يا نور عيني

وأزرع بـــــذور حـــبي في حـــواريـها

عـهود.. والله أحـــبــك بــكل ما فيني

تــكفين روحي وقـــلبي لا تجـــافيها

إذا غـــبتي قـــلبي يضيع وما يلاقيني

ولي جـــيتي يـــرجع بصـــدري يدفيها

مشـــــغولة؟ أخـليك يا بعد سنيني

أنـــا مشـــغول فيك ونفسي أداويها

فضفضة شعرية لحبيبتي...

أتذكر بأني كتبت الأبيات التي ستقرؤونها لاحقاً وأنا بمقر عملي، ذلك اليوم بدأت باستيعاب أنني وصلت مرحلة معها بالحب جداً جداً عميقة، كنت أسأل نفسي: أمعقول أن الحب يفعل بك هذا! يجعل الشخص الذي تحبه لا يفارق خيالك، لا يفارق قلبك، لا يفارق تفكيرك أبداً! كأنه سكن فيك وامتلك داخلك كلّه. فعلاً هذا هو الحب.

كتبت:

ألا يا ألله دخيلك مـن صعوبات الأيام
تكفيني مـن جروحي وطـعوني الـداخلية

أنـــا بديت أهيــم واسح في موج الهيام
ولا لي مـن الدواء والعـلاج أبـد قابلية

تمنيت مـحـبـوبي بوسط حضني ينام
وأعــلمــه هـو ملكي ولا غيري له مالكية

تعال أشبـعـك بجرعات الحب والغرام
و أفرش لـك الأرض من الورود الزاهرية

أحبـك يـا روحي يـا حياتي يا الوئام
يـــاللي أشك أنك غير بشر أنتي ملائكية

اسمك عهود و أنـا بالـعـهد لـك دوام
مخـلـصٍ لك ما أبيعك أنا حبك شاريـة

أحـبـك ولا أحـب غـيـرك في هالزحام

قلبي سكن صدرك ولصدرك هو حـامية

طلبتك لا تجـفـين واوعـديني نفس الكلام

تبـقين في قلبي عـايشـة فـيه.. وأهنيّة

البجـــامـــة...

من دون ذكر للتفاصيل، اقرؤوا وخيالكم سيقوم بالباقي...

كتبت هذه الأبيات:

يــا زيــنــك وزين لبســك للبجامة

مبسمــك غــذاء للــروح والــعين

ويا زينها لــو تكمل الابــتــسامــة

و أكــون جــنبك بالــحال والحين

ويــا زين روحي بحــبك وغــرامه

تــوحّــد فــيني من بد النساوين

أعشــقك يــا خــافقي وكل هــيامه

لك كل شيء يهون بــالــدنيا يا زين

لا تلوميني لا كتبت لك يــالوســامة

شيٍّ لا شعوري فيني وتكتبه اليــدين

أوّل عيد لي معها...

العيد أساساً هو فرحة وبهجة، فكيف لو كان مع الشخص الذي تحبه؟! يا ألله ما أجمله من شعور! لقد كان من أجمل الأعياد التي مرَّت عليَّ في حياتي، أتذكر بأننا أنا وهي كنّا متحمسين جداً لهذا العيد لأسباب كثيرة، وكنا نخبر بعضنا ما الذي نفعله في أعيادنا.

أتذكر قبل العيد بأيام قليلة كنت في مقهى هادئ جداً لوحدي وكنت أفكر بها لا شعورياً، كتبت لها قصيدة بالعربية الفصحى لأهديها لها في ليلة العيد:

أحببتهـــا مـــن غــير اختيارِ

وقـــلبي ســلّــم نـفسهُ لهــا

أمــرأةٌ مـــن خيرة الأخـــيــارِ

كامـــلــة الأوصاف بتمامـها

هي حــبيـــبتي زينـــةُ الأقـــدارِ

المــغرمُ أنـا الـعـاشـقُ حبيبُها

أريــدهـــا لأحــيطها بالأسوارِ

ولا يــقـدر أحـدٌ المسـاس بهـا

أحـــبها حُــب بـــراءة الــصغارِ

يـــريد حنـــانها الـدائم وقربها

جـمال روحـهـا مـثـل الثـــمارِ

يـــحـلو ويطغى لـذيذ طعامـها

أغـزولـكِ اليـابسة والبحارِ

أقهر ظـروف الـدنيا بصعـابهـا

لـكي أكـون عـندكِ بالـجوارِ

وتـكونين لـقـلبي رحيق زهـورها

عهود أنـا لكِ طيـلة الأعمـارِ

أحـمل حُـبّك بـداخلي سلالها

أحـبكِ يـا مـن سـكنتِ الـدارِ

هـذه خواطري.. ولـكِ كتـبتها

يا بدر العيد...

43

إهداء بسيط لحبيبتي في أول ايام العيد:

يـا بـدر العـيد في وسـط السـما..
كل عـام و أنـتي بـدرٍ في سماي

هـويـتـك يالساقية مـن الظما..
أدعي الـخالق تـبـقين لي يـا هـواي

قلبها الجميل...

كلما تعمّقت بعلاقتي بعهود كلما عرفتها أكثر ويزيد حبي لها أكثر، دائماً تجعل الناس أولى منها، تفكر بهم، تفرح بهم، كأنها هي التي ستنجح، أو هي التي ستنجب، أو هي التي ستتزوّج.

كانت عندها مناسبة لقريبتها ستتزوّج، وأتذكر بأنها من صباح ذلك اليوم وهي تقوم بالتجهيز لهذه المناسبة من أكل وهدايا وترتيبات إلى نهاية اليوم، عندما انتهى ذلك اليوم كانت مرهقة جداً نامت مباشرة.

وأنا أفكر بها وبروحها الجميلة، كتبت لها بيتين من الشعر واهديتهما لها:

عهود أحبــك وأحـب قلــبك الجميل..
تــفــرحين لغيرك كأنه فرحــته مـــن فرحك

عــلــمـــتيني الــكثيرولا زلت أتعلم والدليل..
شـــوفي فــرحتي لـــك بفرحك قــلبي مدحك

الحب مصنع!

الطريق الذي يؤدي لمدينة حبيبتي يمُر بمدينةٍ صناعية، من المرّات التي ذهبت لها مررت بتلك المصانع، وألهمتني المصانع بكتابة قصيدة لحبيبتي!

كتبت:

علمتني الحب و أنا قبلها شنيع من الشوانع..
وعلمتني كلمــة حبيبي ويا حلاها من فمها

الـحب مصنع و أنـا للحب بنيت المـصانع..
صـــنعت مـــن حشايا خافقي مشاعر لأجلها
*
أنتجت لها الحب والعشق والغرام بالقوانع..
وغـــلَّـفت وأرســـلت بأمــل ياصل درب قلبها
*
عـهود لأجـــل حـبك أسـوي لك كل مانع..
ولا شيء يـصـدني عـنـك يـالـكريمة بحبها

أحـبك يا بعـد نفسي وكل مـافـيني قانع..
بـــحبك الـــصافي الممتلي بالسماء وأرضها

بحثي عن سعادتها...

كما تعلمون هذه الدنيا الفانية ليست دائماً جميلة وحياتها سعيدة، هنالك أيام تأتي بهمومها، من هذه الأيام كانت حبيبتي تمر بها وأنا شعرت بضيقها، حاولت أن أعرف ما الأمر ولكن لم أرد أن أضايقها أكثر.. فأرسلت لها بيتي شعر لأواسيها بهما وأشعرها بأني معها:

عهود علميني كيف أسعدك وأراضيك

لأجل أشوف بوجهك بسمتك الجميلة

حبيبتي لا تضيقين و أنا عندك وباغيك

قولي وآمري وباسعدك أنا بأيِّ وسيلة

لا شفتك أنسى الزمان الشين وعيوبه

أحب إهداءاتها لي لأنها تلامس قلبي.. وأحب قلبي عندما يفرح بها ويكتب لها:

أهدتني:

لا شفتك أنسى الـزمان الشين وعيوبه

حتى السـوالف معك ربي محـــليهـا

كتبت لها:

ولي جـيتـــك قلبي يـنسى دروبه

يـفرح بـصـوتك وروحك محيَها

مشاعر آخر الليل...

أنتم تعلمون كم هي جميلة محادثات آخر الليل، لذلك بعد محادثة رائعة مع حبيبتي لم يرتَح قلبي ليجعلني أنام إلا إذا كتبت لها:

يـا ربي أحيهـا كثر خلقك للنـجـوم..
اللي عـددهـا ما يعـلمها أحـدٍ سـواك
احـفظها ربي بـعينك الـي مـا تـنوم..
يا عـالم بـالنو ايا مـا يخيب مـن دعاك

ذكريات جميلة ومخلّدة...

في أحد لقاءاتي مع معشوقتي ذهبت إلى مدينتها لموعدنا، وقبل موعدنا تعمَّدتُ أن أمر بجانب بيتها لأتذكر بعض الذكريات الجميلة، وبعد أن عدتُ إلى الفندق كتبت هذه الأبيات:

يا صــــاح تــــدري اليوم وش سوّيت

مــريت البيت اللي قلبي ســكن داره

بيت الــــحبيب هــوزينة هــذا البيت

مــريت أتـطمن و أتذكرذيك الزيارة

ذكــرى بعـدها طحت بهواها ونسيت

قــلبي عــندها وترك صـدري بمرارة

الغياب لا أحبـــه...

أحياناً عندما أغادر من عند حبيبتي وأخرج من مدينتها التي أصبحت مدينتي من حبي لها، أشعر بحزن وضيق لأنني ابتعدت عنها.. فكتبت هذه الأبيات وأنا في طريق العودة:

في غيـابـك أضيـع وأكره الـغياب

أنـا أنت شـلون النفس ما تعرف نفسها!

أتـوه فـيك وأشـوفك مـثل السـراب

يـوم أجـيه يختـفي والـضيقة ترد بهمها

ودي أكـــون قــربك ويـكون بيننا باب

لأجل أشوفك كل ما اشتقت لروحك وضمها

فاصل عن القصة

أعزائي.. من هنا سوف تبدأ الأسئلة تراودكم، ومشاعركم ستتحيّر، وتكتشفون أشياء عن قصتنا ستتعجّبون منها كما أخبرتكم بمقدمة الكتاب. أتمنى منكم أن تكملوا قراءتكم من دون الحكم علي أو على حبيبتي وتستمرون إلى نهاية الكتاب.

كُرهي لقلــبي..

كبداية لن أشرح القصة وراء هذه الأبيات التي كتبتها، سأجعل القصيدة تتحدث بنفسها..

يـــا نـاس أنشـدوني عن قلبي شفيه

خـــان عـقلي وكل شيٍّ أعـترف فيه   أنـا كـــرهته ولا أبي رجعـته تـالي

هي تـحبني و أنـا قـلبي حبها عامـيه   وحب لــه وحــدة لها واحدٍ والي

دمـر صحتي وهمّي أحـاول أخبيه   مـــغمض عن الواقع جعله الزوالي

أخاف أنكسـر وقلـبي محدٍ يواسيه   كـيف أخبيه ودمعتي تفضح الحالي

الشــكوى لله والـدعـاء قلبي يهديه   و أبقى باقي العمر دوم و أقــف لحالي

يـمكن يهتدي وربي يصـلح الحالي

الحب أعمى...

الآن سأخبركم الحقيقة المُرة التي أعيشها مع محبوبتي:

التي أحبّها "متزوّجة"!

نعم متزوجة للأسف، كيف أسمح لنفسي أن أحب امرأة متزوجة؟! لا أعلم ولكن هذا السؤال أهلكني، هي أحبتني وقلبي أحبّها بالمقابل وسلّم نفسه لها. لم أستطع السيطرة على قلبي وذهب وأحبّها. أعلم بأنه خطأ ولكن الحب ليس بيدي. هنا أعزائي تيقّنت وتأكّدت بأن **الحُب أعمى**. وعلى أساس هذا الموضوع كتبت هذه القصيدة:

الـحب أعمى حقيقة بـس ما دريت

صـــابني صـــدفة و انعـمى قلـبي بحبها

حـاولت التخلص بس والله ما قويت

كيـف أتـخلص من روحي و أقوى قـتلها

حبيتها نعم ومن حبها ما بعد ارتويت

الـظمى ذبحني ولا قدرت أرتـوي منها

هي طيرٍ جريح و أنـا عالجت وداويت

وأصبــحت لها الملـجأ والـدواء وطبّها

تمـــنّيت يوم راحت ما رجعت ورديت

هذه غلطتي وندمت حيـل من فعـلها

أنتي الرجاء والـحلم وكل مـا تمنيت

تكفين اشرحي صـدري يـوم بضمهـا

عـهـود.. تكفين طلبتك قولي عــــطيت

ودي ألقاكِ وأسـولـف لك عن روحي وهمهـــا

أعاتـب قلـبي...

على صياغ القصة السابقة (الحب أعمى).. هنا لا أقدر على الشرح وراء هذه الأبيات، ولكن آمل بأن القصيدة تغني عن الشرح:

ليش يـا قـلـبي تروح وتخـليني

رحـت لمـكان مـا لك محلٍّ فيه

لـيش تـحب وتروح ما تواسيني

ضـعت ومـحللك محدٍ يدفيه

لـيش تـحب وحـدة هي لغيري

مـتزوجـة ومعهـا صغيرٍ تربيه

كـيف تمناها لك هـذا مستحيلي

عـلّه حـلمٍ صـدقته وتقول أبيه

الـوا قع مُر.. ولا بد مـن الـرحيلي

وش السـواة بقلبي عيّا يبيه

التـعب والتفـكير دايم مهلكيني

بـين أرحـل وبيـن عذاب يديه

هـذه بلوة.. وعـارف الله مبتليني

راضي بالـلي قسـم ومؤمن فيه

هذه أبيـات للي استقرت بـعيني

عـهود قـلبي عنـدك حاولي تداريه

هواجيس نفسي...

يوم من الأيام عدت إلى المنزل متضايقاً لا أعلم ماذا بي، وجلست على الأرض في وسط غرفتي أفكِّر بها، فجأة كلَّمَتني وبدأنا نتبادل أطراف الحديث، وقالت بأنها متضايقة أيضاً! استغربت وسألت نفسي: (هل يعقل بأن القلوب تشعر ببعضها؟!) لا أعلم لماذا فرحت لحظتها، ممكن لأني شعرت بأننا متصلان ببعض رغم المسافة، أثناء محادثتي لها كنت أكتب لها أبياتَ شِعْرٍ، وقبل أن أنتهي من الكتابة.. من الحديث الذي دار بيننا أنها قالت لي إنها ظمئت ولا يوجد في منزلها ماء، وهي بعيدة عني لا أقدر على خدمتها، تبعد عني مئات الكيلو مترات، فقلت لها اطلبي عبر الهاتف.. فجأة قالت لي: "زوجي سيدخل الآن ومعه الماء"...

ضيقي وهمّي لحظتها زاد، فأكملت أبيات الشعر أفرغ بها همومي. كتبت لها ولم أطلعها على ما كتبت.. فقط لنفسي...

كتبت:

ضـــايقٍ صدري مدري وش الحاصـــل

وقتها كلـــمتني وقـــالت لي متضايقة

معقولة القلوب تحس رغم الفواصل

حقيقة حست بدقات قلبي الزايدة

تعلمت منها الحس وحسّــها واصــل
زانت روحي بقربها وطيبتها الدايمــة

رجعت ضايق يوم قالت زوجها داخــل
ليتني زوجها وتكون بي عالمة وداريــة

سؤال أطرحه داخلي أدري عنه بــاطل
موقعي وين بدنيتها وحياتها الزاهيـة؟

أطلقي سراحي وخليني بالدنيا أمــاطل
يمكن أحب وحدة وتكون هي الباقية

عهود ما ظنتي بالحب بعدك أواصــل
أنتي أوّل وآخر حُب بضلوعي الدافية

ربي لا تحرمني حسّها وقلبي لها مايــل
أهلكتني و أتعبت قلبي وروحي الهاوية

شعور الوِحدة

الفترة الأخيرة خلال أزمة كورونا وبعدها، أصبحت تأتي إلَيَّ مشاعر الوحدة، لأنني أعتقد بأن تلك الفترة أو الأزمة غيرت الكثير من الأشياء في هذا العالم، ومن ضمنهم أنا! ومنها ظروف أصدقائي في هذه الدنيا وانشغالهم ومنها وقوعي بالحُب.

فكتبت في هذا الموضوع أبياتاً:

يا وجودي وجد من صاروحـــداني

أخـــــوياه سحبتهم الدنيـا عنه وفارقوه

وجدي على قلبي اللي راح ونسـاني

روّح مع أخـــويـاي اللي بـظروفهم نسوه

بقيت مع هواجـــيسي بينها نفساني

بـغيت أسولفلهم عنها ولاهم ســـمعوه

اللي تزوّج واللي يدوّررزقه الــثاني

ربي يحقق أمانيهم ومساعيهم اللي سعوه

وأنا بالحب ضايع وبالحيل غرقاني

حبيبي طلبتك.. لا تروّح مـــع اللي فـارقوه

الحب.. أنا.. حبيبتي

سبحان الله العظيم كيف يغيّر من حال إلى حال، قبل وقوعي بحبها كنت أتلذذ بحياتي، وأستطعم كل حدث والنوم كان جميلاً ومريحاً ومن دون أي أرق. من بعد أن دخلت حياتي معشوقتي وأنا لا أرى الحياة إلا من خلالها! أحياناً أكون سعيد لأنها معي وتعشقني وأحياناً حزيناً عندما أتذكر بأنها على ذمة رجل آخر.

يا إلهي كم من ليالٍ تمر وأنا لا أنام. **"أعتقد بأن الكتابة نعمة ورحمة من ربي"** لأنني لو لم أكتب لا أعلم ماذا سيحدث لي. على سرد هذا الموضوع كتبت قصيدة لأزيل بعضاً من همّي:

الــحب غيّرني وغــيـر كل تفــكيري

مــــدري إلى مــــتى ببقى عـلى هالحال

أشـــغل عـقلي ونفسي وتدبيري

بـغيت الـخلاص وصار شبه المحـال

الــنوم بدأ يصعب و أنا بالسريري

صـار حـلـمي أنـام الليـل مرتاح بال

يضـيق خاطري ليا فكرت بحبيي

ما هــو سبب حبيي يـا طيب الفال

السبب ظروفه والحال الصعيبي

كيـــف أصير حبـيبه وهو مالكه رجال

دلّـــوني عـلّـموني الحل الصويبي

يــمكن يــوم نخرج من هذا المجال

أنـــا أبغـــاه كله بظروفه وهو يبيني

أحبـــك كلك ويحبـــك كل ما فيني

أبشـــري بي دايم معـك بكل سنيني

عـهود ارتكـــبتي فيني ذنبٍ عظيمي

هـــذه هواجـــيس أقليها بيني وبيني

حـبيبي وخليلي وكل الـحسن والدلال

عـهود بنـــجتمع وين؟هنا ولا بالخيال؟!

ولا أخون العـهد اللي بيننا هذا مــحال

يوم خطفتي قلبي ومكانه بــصدري زال

عسى ربي يستجيب و أفوزأنا بالجدال

ودّي لو الخيال يصبح حقيقة!

كما تعلمون حبيبتي تسكن بمدينة تبعد عني مئات الكيلو مترات، وفي أحد الأيام أسعدتني بخبر قدومها إلى المدينة التي أسكن بها، فَرِحتُ جداً وأعددت لها جدولاً متكاملاً بالأماكن السياحية والجميلة التي بإمكانها زيارتها، ولكن باليوم الذي أتت به انصدمت بأنها أتت مع **(زوجها)** لأنني كنت أظن أنها ستأتي مع عائلتها فقط.

الحقيقة تضايقت وكتبت لها هذه الأبيات:

ودي لــو الخيــال يصبح حقيقة

وأمـــــي زوجـــك و أبقى أنــا مكانه

أنا أســــرح بك بكل الأماكن الأنيقة

و أنـــا أحـميك من كل شرَفي زمانه

ولا أغيــب عــنك لحظة أو دقيقة

و أكتفي بـحبك وما أشبع مـن حنانه

عـهود تراهـا هـواجيسي الرفيقة

أسطرها بأبيـــات لأجل أنام بأمانه

مساءلتي لنفسي.. بتعجّب!

من الأشياء التي تراودني بين حين وآخر تساؤلات لنفسي العاقلة كيف لها أن تستمر بهذا الموضوع؟! كيف أحب وأعشق إنسانة متزوجة؟

لا أعلم الاجابة ولكن متأكد من شيء واحد وهو أنني أحبها.

فكتبت لنفسي أحدثها بتعجّب:

خالد شـــفيك ما عدت تفهم وتشوف

تـقول فاهم وعـارف؟ وين الفهامـة!

من أول مــــا تعرف وشهو يعني خوف

والحين الـخوف فيك وذبحك بسـهامه

الحب لــــعب فيك وحـاف بك حوف

ضعت بالـدنيـا ولا عرفت الاستقامة

كل ما جَتْ فرحـت وصفقت الكفوف

وقلـــبك فرحان بحبها وينبض بغرامه

إلى مــــــى و أنـــت ضايع فيها تطوف

و أنت عــارف آخرتها كسرك وضيامه

لا أقدر على التخلي عنها...

الحقيقة الكثير والكثير من الأوقات وأنا أحاول أن أرغم نفسي وقلبي عن التخلي عنها لأن الذي بيننا خطأ، ولم أقدر وكل محاولاتي باءت بالفشل.

ولا بد أن يكون بين الأحباء بعض الخلافات التي تحصل، وأتذكر بأنني في إحدى محادثاتنا المتأخرة بالليل حصل بيننا خلاف لا أقدر أن أبوح بتفاصيله، ولكن أتذكر بأني رأيت منها موقفاً، لم يوافقني قلبي الرأي في التخلي عنها، بل بالعكس أصبحت مع قلبي متفقين بأن أكون دائماً معها، وكتبنا لها أنا وقلبي هذه الأبيات لنقول لها لن نرحل:

كيـــف أخــلـيـها وهي تمـــوت فيني

والله أســـوت فيهـا وبأرضهـا ومعـلـها

كيف أخـلـيـها وهي وقـــلـبـها محتويني

والله مــا أخليك لو الدنيا تقول خلها

أحـــبك يــا بعد روحي وكل سنيني

وببقـالك عـــالوعد و أنا دروبك أدلها

أضـــل لـك وافي وأدري أنك توفيني

ولا أحـــد غيري يعشق روحك ويحبها

عـهود مــال المستحيل مـحلٍّ فيني

اطلبي وبإذن الــخالق أجيبها وأحلها

معـاناتـي...

في فترة من الفترات كنت أفكر كثيراً بموضوعي مع حبيبتي والظروف التي نحن بها، كنت أحياناً لا أستطيع النوم وذلك الأمر أرهقني وأخذ جهداً من تفكيري.

أتذكر في إحدى الليالي لم أستطع النوم حقّاً من التفكير، حتى كتبت قصيدة أعبر فيها عن **معاناتي**:

يـــا ونتي ونّـــة مـــريضٍ يـــعاني   حدتـــه الـــدنيا بشيٍّ مـا بغـاه

واعـــزتي لـــه الـــضـعيف الفاني   يــحسب الـــدنيا تمـــشي بهواه

مرض بـــالحب وقـلــبه معاني   يــدوّر عـــلاج ولا عـرف وش دواه

حــب لـــه وحـدة ويقول عساني   أتـــزوجهـا وتبـــقى دايـم معـاه

مغمض الحقيقة بالساعات والثواني   هي متزوجـــة وبـــعيدة عن سمـاه

هي تـــحبــه وتـــقول حبه عماني   ولا تبي غـــيره يهنـا بــحبها سواه

أعـــلـــمكم وش تـــقول بعد ثاني؟   بتضحي بـــكل شيء لأجـل رضـاه

لأجـــل حبهـــا يـــصبر بأمل وأماني   يـــنتظر متـــى يتحقق حلمه ومناه

يـــحبها وخـــايف ما يحب بعدها ثاني

يا ألله إنــك ترفق فيه ولا تربك خطاه

دمـوعي الغـالية...

الحقيقة أنه في الفترة الأخيرة أتعبتني كثرة التفكير في موضوعي مع حبيبتي... الظروف التي هي بها ونحن وإلخ...، صدري أصبح مكتوماً و**دموعي** أصبحت سهلة النزول! أقسم بأني قبل هذا الموضوع لم أرَ دموعي تسقط في حياتي قط.

وكتبت هذه الأبيات علّها تهدّئ وتريح صدري ولو قليلاً:

تـكفين يـا عـين لا تبكين يا عين

كم غـالي رحـل ولا هـلّت دموعي   هلت دمـوعك ولا عـدتي تـقوين

داخـلي امتلى حزن وتغلغل ضلوعي   حـبٍّ توسّـط لك بالوجدان يا زين

يبيك ولا غيرك انصـاع له صـوعي   يا بنت الحلال أنا بحـياتك ويـن؟

الأوّل الثاني؟ ولا أنـا غـير مسموعي   يـاخي تـعبت من كثر السؤالين..

هي لي...؟ ولا غـيري مالـكها طوعي   اعـتقيني مـن الهمْ واعتبريه دين

هـذا قلبي عندك ولا عاد له رجوعي

الغيرة أهلكت روحي...

الآن لديكم العلم بأنه من أعشقها متزوجة، لا تعلمون كمّية الأسئلة التي تراودني في عقلي بسبب هذه المعضلة. فمن الآلام التي أعيشها معها أحياناً، هو أنني أعلم بأنها خرجت مع زوجها وأنا في هذه اللحظة أتقطَّع من الداخل من الغيرة...

وكعادتي همومي لا تأتيني إلا عند نومي، وأحياناً لا أنام إلا إذا كتبت:

أدري أنـك طالعـة تتمشين مع زوجك..

وأدري أنـك تـــدرين إني أنـا داري..

*

قـلبي يتقـطع وما عرف وش حوجك..

كيـف هـو يمشّيك و أنا جالس بداري

*

يـا بنت أحـبك وحيل أغار من زوجك..

نـفسيتي مـا عرفت صـحيح المساري

*

ضـــايع ومنعوج و انعواجي من عوجك..

الغـــلط راكبـــني ومغطيني دار ما داري

*

مـالي إلا الـصبر واطلبك يالله فروجك..

علَّـني اتـوب لك وارجـع صحيح المساري

"خاطرة مبعثرة بداخلي"

أريد أن أقول لها: "أحبّك" دائماً.. والخوف يتملكني من أنّها تملّ! أريد أن آتي إليها وأقع بين أحضانها، لكنني لا أستطيع التحكم بشيءٍ من عالمها! أريدُ أن أصحو على شروق الشمس بجانبها، وأضحك على نفسي لأنّ هذا مستحيل! أريدُ رؤية وجْهِها الجميل كل يوم.. كيفَ؟ وهي وأنا نعيش بعالم الخفاء! أريد وأريد وأريدُ... الحُب معضلةٌ بيننا، هو حبل الوصال المتماسِك، من دونِه لا يمكن أن نواصل.

الطريق المسدود...

تخيّل معي عزيزي القارئ بأنك تعيش قصة حُب وبسبب ظروف الشخص الذي تحبه لا يمكنك الإفصاح عن القصة لأحد، وتظل مكتومة بصدرك بهمومها وبأفراحِها وبكل ما تحمل من مشاعر، لا أحد يعلم ما الذي تمر به من مشاعر داخلك إن كنت سعيداً أم حزيناً أو متضايقاً...

كأنك قابضٌ بيدك على جمرة ولا تقدر على تركها! شعورٌ أعيشه حالياً.

كتبت في إحدى الليالي التي لم أستطع النوم بها قصيدة:

النـــاس ينشـــدوني عـن حبّنـا يا عهـود

و أنـا أصد عن سـوالفنا وأخبـارهـا

كيـف أعـلمهم حبنا طريـقه مسدود

مـا قدرت أعـلمهم حكينا وأسـرارهـا

بس بعـلمهم حبـك بقلبي مـوجود

ولا يـمكن أهدم بيوت حبنا وأسوارها

الــحب الـي بيـني وبـينـك يا عـهود

يدرّسونه لأجيالٍ بعدنا تحفظ أدوارهـا

ليت الآمال الي بقلبي تـحقّق المـوعود

وأملكك وأحميك من الـدنيا وأشرارهـا

يا عـهود مـال الـقـلب غيرك يـا عـهود

تملّكتيه وتـاه بأمواج حبّـك وبحـارهـا

كـود أحـب غـــيرك وهـــذه كلـــمـة كـود

يـــعـــني يمـكن ولاهي أكـيـدة بـأفكارها

مــا أحب غـيرك وبـــصد عـنـهم صدود

كيف أحب وقلبي ما عوّد لصدري وزارها

"شبه الفراق"
الخميس 2020/09/03

هذا اليوم والتاريخ الذي قرأتموه بالعنوان لا أحبه لأنه كان صدمة بالنسبة لي!

كما تعلمون بأن حبيبتي متزوجة وبالطبع زوجها لا يعلم بعلاقتنا.. قد كان بيننا

ولقاء أنا وهي في هذه الإجازة الأسبوعية، وكنت متحمّساً جداً للقائها وكنت أنتظر

هذا الموعد بفارغ الصبر.

فجأة! أصحو في صباح ذلك اليوم المشؤوم على رسالة منها تقول:

"لقد اكتشفنا زوجي وعرف بعلاقتنا ووبّخني.. أرجوك لا تراسلني ولا تتصل بي

وسوف أحذف حساباتك كلها إلى أن تهدأ الأوضاع وأنا سوف أطمئنك".

لا أعلم كيف أصف لكم شعوري وقتها، وبالذات ذلك اليوم بأكمله.. الحقيقة

كنت أشعر بشعور لم يحصل لي من قبل قط!

حزن وصدمة وخذلان وخوفٌ عليها وفراغ داخلي كل هذا في آنٍ واحد! لا أعلم ما

العمل، لا أقدر أن أتواصل معها أو أطمئن قلبي عليها.

لذلك كتبت في ظهر ذلك اليوم قصيدة لو لم أكتبها كنت سأنفجر من داخلي:

القصيدة

يـــا شــــين هالصباح ويا شين محيّـاه..
ابــــــــدأ بشيٍّ كنت خايف يجيني تالي

*

فــارقـني حبيبي و انتهيت مــن دنـيـاه..
واستوطن الـهم داخـلي و أبكي عـلـى حـالي

*

كـيـف أعـيـش مـن دون حسـه ولقياه..
وهـــو اللي عودني يـــكون دايـم في بـالي

*

أبـيـه يا عـالم و أبي أعـيـش دوم ويـاه..
مـقـدر عالحـيـاة من غير الحبيب الـغـالي

*

هـو عـلاج روحي وأصـبـح لـقـلـي دواه..
كيف أعالج جروحي وأرتاح من سهور الليالي

*

مـتى يرجـع لـقـلبي تـعبت و أنا أستناه..
علـمـوه أني بدونه عايش لكن عايش لحالي

*

بدون ذكر تفاصيل بعد هذه الحادثة لقد عدنا أنا وحبيبتي لبعضنا

فاصل عن القصة

لله في خلقه شؤون... سبحانك يا رب ما أعظمك وكيف تجعل هداية عبدك الضعيف من شيء لم يكن يتوقعه أبداً!

الحقيقة أنا في حياتي كنت مقصراً في عبادتي وصلاتي بالتحديد، ألهتنا شهوات ومغريات الدنيا عن عبادة خالقنا والتقرب إليه، وكذلك هنالك إبليس وهو الوقود بهذا الموضوع والله المستعان.

فتخيلوا أعزائي بأن القصة التي تقرؤونها الآن هي سبب لرجوعي إلى الله! بالواقع هي سبب لرجوعنا أنا وحبيبتي الى الله.

نحن كنا نعلم من بادئ الأمر بأن الذي نحن بهِ خطأ ولكن مستمرّين لأن الحب لا يعلم إسلاماً أو صواباً أو خطأ.

وبالآخر تيقّنا أو بالأحرى حبيبتي التي بدأت بالأمر، أنا من ناحيتي كنت أتعذب ولكن لم يكن باستطاعتي أن أتخلى عنها حتى لو أنا على خطأ! وكأنني كنت أنتظر هذه اللحظة أن تأتي منها.. وأتت!

بدأت تبعدني عنها بطرق غير مباشرة، وأنا أعلم ولكن مستمر وكأنه لا شيء مما تفعله يجرحني، وبالحقيقة أنا مُدَمَّرٌ من الداخل، شعرت بأنها تفعل ذلك غصباً عنها، كأنها تريد أن تبعدني، ولكن بالحقيقة هي لا تريد، ومتعلقة بي ولكنها تريد أن ترتاح وترجع لربّها لأنها تعلم بأن علاقتنا خطأ.

خــايف أمـــوت

تكملة لقصة "شبه الفراق"..

طبعاً بعد تلك الحادثة كان هناك فترة قصيرة اختفت عني حبيبتي قبل أن تعود لي، خلال تلك الفترة أنا كنت مثل الميّت الحي! كأن روحي خرجت ولكني ما زلت حيّاً، لا أريد التكلم ونفسي مهلكة وحزين إلى أبعد الحدود.

وقتها كنت أجلس لوحدي كثيراً أفكر بها وأفكر بنفسي المسكينة، وفعلا بدأت أخاف من الموت لأني سمعت من قصص العشاق من مات من الفراق.

فكتبت هذه القصيدة:-

خـــايـــف أمـــوت من جفا محبوبي..
مـكـتـــوم صدري ما عرفت كيف أرتاح
*

خـــايـــف أمـــوت و أنـــا كثيرة ذنـــوبي..
كـــيـــف أقـــابل ربي والصلاة عنها منزاح
*

خـــايـــف انـحـد لـــدروب ما هي دروبي..
وأضيع بهالدنيا ولاأعـــرف طعـــم الأفراح
*

خـــايـــف أطيح بهوى أحدٍ ما هو بصوبي..
و أتعب أضعاف تعبك اللي قلبي فيه ساح
*

لله الشـكوى وبـإذنـه بصحح عيوبي..
أبــغى أســتريح وأرجــع أعيش ثاني مرتاح

يا ناس أحبها...

انظروا كيف القلب والحب لا يعترف بأي شيء من قوانين الحياة؛ إذا أراد القلب شخصاً لا يهتم لصواب أو خطأ.. حلال أو حرام، أو يمكن أو لا يمكن... قلبي فقط يريد أن يكون قريباً منها لينبض بسعادة حبها.

بعد أن عدنا لبعضنا أنا وحبيبتي عهود رجعت روحي لي والسعادة وكل شيء جميل في هذه الحياة.. يا ألله كم أحبها، لذلك قلبي المجنون بها كتب لها قصيدة:

يــا نـــاس أحبهـــا ومــا بي أحب غيرها..
علمـــوها أني بحبّها عــايش ســعـيد
*
حبيـــبتي أنتي الأبد بدنيتي وخيرها..
كل يــوم أحـبـك وغرامك بصدري يزيد
*
أبـيــك يا احتياجــات حياتي وتعبيرها..
أنــتي اللي الـقـلب اختارك و حبّك أكيد
*
لا تــحــاتين المسـافة ولا حتى مسيرها..
أجيـك و أقطع مسافات الطريق البعيد
*
لأجــلــك مــا تهمني يابسة ولا بحيرها..
أكــون عندك حلم يتحقق ويبقالي عيد

خلينا نبقى لبعضنا سنينٍ مديدي

لا أعلم ما الذي دهاني الحقيقة وأنا أكتب لكم هذه الكلمات التي تقرؤونها الآن،
تغرغرت عيناي بالدموع من عظيم حُبي لها... يا ألله كم تمنّيت الكثير والكثير والكثير
من المرات بأن تكون لي.. لي أنا فقط.. ولكن الحمد لله.

هذه القصيدة كتبتها من بعد ليالينا الجميلة مع بعضنا، أقسم لكم بأن حبي لها
كل يوم يزيد ولا يتوقف إلى يومكم هذا!

يا لـيـل عـطـنـي مـن مشاعرك القليل..
لأجـل أخـيـط بـيـوت شعـري وقصيدي
*
رسـالة أقـدمـها لسـاكن قلبي الأصيل..
عـنـوانـهـا أحـبـك يا سراجي وعيدي
*
أحـيـان "أحـبك" قليلة فيك يا الجميل..
أعشقـك أهـوالك يا حياة السعد ورغيدي
*
أكره المسـافة بيننـا والـطريق الطويل..
وأحب قربـك وأحب إيدك ضـامةٍ إيدي
*
طلـبتـك الجفا لا يطول بيننا يا كحيل..
خـلـينا نفرح ونبقى لبعضنا سنينٍ مديدي

الـــفــــراق...

هنا وصلنا إلى نقطة الافتراق بعلاقتنا أنا وعهود.. طبعاً بعد أن طفح بي الكيل من محاولاتها الغير مباشرة لإبعادي عنها. أتذكر بأني غضبت جداً واتصلت بها وأخبرتها ماذا بك!؟ قالت لي أسبابها وقلت لها أنا لم أعد أقدر على المواصلة بهذا البرود البادر منك وسوف أرحل.

طبعاً كلانا لا يريد الافتراق، ولكن أنتم تعلمون بالأسباب مسبقاً.. كلانا أجبرنا أنفسنا على الابتعاد بغصّة وسط صدورنا ودمعةٌ بأعيننا.

يا إلهي كم أصبحت الحياة سوداء من بعدها، وفراغ لم أستطع أن أسده، لم أتعود أن يمر يومي بدونها! تعبت جداً والحزن هزمني وسكن داخلي.. قلبي المسكين انكسر ولم أستطع أن أجبره أو أواسيه.

أقسم لكم بأني كتبت هذه القصيدة، وعندما انتهيت قرأتها لأول مرة نزلت دمعتي من دون أن أشعر.

والحقيقة أنا لم أرحل ولم أكن أريد الرحيل ولكن عهود أجبرتني على ذلك...

القصيدة

علــي مـــن الـحزن كما حمل الجبال..
ضــايــق صــدري مـن فراق محبوبي

*

سرق ضــحـكتي ودمـع عـيـني سال..
مــا درى عـن ضيـقتي ولاهو بصوبي

*

يــا دنيا شويّة عليا من الهموم الثقال..
قـلـبي تـعـب مـن مصارعات الحروبي

*

مدري كهــف أعيش بعد قطع الأوصال..
فـضــت دنيتي بـعـده وما عرفت دروبي

*

حسـبي عـلـيـه يوم علقني فيه وقال:
طلــبـتك لا تخلّـيني أنت مـحبوبي

*

خـلاني ومــا الـتفت ولا عرف بالحال..
عـــى ربي يـعـوضني وأسد أنا عيوبي

كيف أنسى...؟

سؤال عجزت عن الجواب عنه، كيف أنسى من عوّدني على حضوره الدائم؟ كيف أنسى من علمني الاهتمام؟ كيف أنسى من كان أقرب الناس لي؟ كيف أنسى ذكرياته؟ كيف أنسى محادثاته؟ كيف أنساه هو...؟!

علمــيني كيف أنساك وأمحيك من ذكرياتي

ذكريــات معك أهلكت روحي الذبيلة

علمـيني كيف أعيش بــدون حســك بحياتي

مــا عرفت أعيش وما عرفت الوسيلة

متى ترجعين...؟

أحاول وأحاول وأحاول نسيانها ولا جدوى... حاولت بشتى الطرق، والغريب بالموضوع بأنه كل يوم من فراقها يزداد حبي لها! ما هذا هل أنا جننت؟ أم هي سحرتني؟ أسئلة تراودني عنها كثيرة.. هل هي بخير؟ هل تفكّر بي؟ هل نسيتني؟ ألم تعد تحبني؟

أعيش حالياً بأمل رجوعها لي...

أتـــدريح بهـــالـــدنيـــا و أفـكـرفـيـك..
دايـــم عـــلـــى بـــالي وطـاريــك مـا غـاب

*

عـجـــزت أنســـاك ومـا عـرفت أنـاديـك..
مـــا نــســـيـت حـبك اللي خفوقي فيه ذاب

*

أبـــيـــك و أبي قـــربـــك و أكون بأراضيك..
قـــلـــبي بـــعـــده من ذنـــوبك تراه ما تاب

*

مـــتى تـــرجـعـــين لـــحبيبك وغـاليك..
انـــتـــــظـارك أظلـــم دنيتي وحالي مرتاب

خاتمـــة

82

هنا أعزائي انتهت قصتي مع عهود.

أعلم بأن هنالك أسئلةً كثيرة تراودكم.. أطلب منكم فقط حسن الظن بنا لأنكم لا تعلمون بظروف حبيبتي التي هي بها.. لا أحد يعلم غيري.

لذلك سوف أخبركم لماذا أطلقت على قصتنا (الحب الصحيح ولكن الخاطئ)! حبنا صحيح لأنه كان صادقاً، وكل شيء بيننا كان مشتركاً عقلاً وروحاً وقلباً، وخطأ لأنها على ذمة رجلٌ آخر.. رجل لن أتكلم عنه ولكنه لا يستحقها.